博赞脑力训练手册

之 快速阅读

BUZAN BITES: SPEED READING

［英］东尼·博赞（Tony Buzan） 著

鹿丹丹 译

图书在版编目（CIP）数据

博赞脑力训练手册之快速阅读/（英）东尼·博赞著；鹿丹丹译.—北京：北京联合出版公司，2016.6

ISBN 978-7-5502-7726-7

Ⅰ.①博… Ⅱ.①东…②鹿… Ⅲ.①读书方法—通俗读物 Ⅳ.①G792-49

中国版本图书馆CIP数据核字（2016）第107191号

BUZAN BITES: SPEED READING, 1E
ISBN: 978-0-5635-2035-1
Copyright © Tony Buzan 2006

This translation of Buzan Bites: Speed Reading 1/e is published by Pearson Education Asia Limited and BEIJING UNITED PUBLISHING CO LTD by arrangement with Educational Publishers LLP, a joint venture between Pearson Education Limited and the BBC Worldwide Limited.

All rights reserved. No part of this book may be reproduced or transmitted in any form or by any means, electronic or mechanical, including photocopying, recording or by any information storage retrieval system, without permission from Pearson Education, Inc.

CHINESE SIMPLIFIED language edition published by PEARSON EDUCATION ASIA LTD., and BEIJING UNITED PUBLISHING CO., LTD Copyright © 2016.

本书封面贴有Pearson Education（培生教育集团）激光防伪标签。无标签者不得销售。

博赞脑力训练手册之快速阅读

作　　者：（英）东尼·博赞　　　　译　　者：鹿丹丹
选题策划：后浪出版公司　　　　　　出版统筹：吴兴元
责任编辑：王巍　　　　　　　　　　特约编辑：费艳夏
营销推广：ONEBOOK　　　　　　　装帧制造：墨白空间·李海超

北京联合出版公司出版
（北京市西城区德外大街83号楼9层　100088）
北京盛通印刷股份有限公司印刷　　新华书店经销
字数83千字　690毫米×960毫米　1/16　6印张　插页4
2016年8月第1版　2016年8月第1次印刷
ISBN 978-7-5502-7726-7
定价：26.00元

后浪出版咨询（北京）有限责任公司　常年法律顾问：北京大成律师事务所　周天晖　copyright@hinabook.com
未经许可，不得以任何方式复制或抄袭本书部分或全部内容
版权所有，侵权必究
本书若有质量问题，请与本公司图书销售中心联系调换。电话：010-64010019

前　言

像其他孩子一样，当我还是一个小男孩时，我就着迷于记忆力的概念。虽然我看不到它，也不知道它长什么样子。但是我知道我的记忆一直在那里工作，这令我很惊奇。

我困惑的是：一方面，我的记忆力在如此高效地运作，以致我很难察觉我的思绪；但是另一方面，尤其是当我需要在学校里或者在考试中回忆实际事实时，它似乎"舍弃"了我。

随着我的年龄越来越大，我对记忆力就越来越着迷，并全身心地投入到加强和改善记忆途径的方法研究中，以便自己能最优地利用我们身体构造中最神奇的部分——大脑。这指引我发展了在世界范围内被广泛使用的思维导图®技能。即使已经在这个领域工作了30多年，我仍为大脑和记忆力的工作内容，以及我们每个人有多少已经拥有却未被开发的潜力感到惊奇。

此刻，作为正在全球范围内进行的大脑和记忆力功能研究中的一员，这激动人心。21世纪已经被称为"头脑世纪"，我们已经进入了一个非常令人振奋、探索和大脑觉醒的时代。

因为没有任何其他人可以像你一样去观察、感受你自己的生活，所以你的记忆力和记忆系统对你而言是独一无二的。只有你知道自己如何经历了这个世界，并且只有你能选择何时以何种方式回忆过去。你可能会发现你能明如水晶般地回忆一些事，然而这些事在其他人看来却如泥水一样浑浊或如飞行中的蝴蝶一样难以捕捉。但是当你阅读完这本书时，你将能以惊人的清晰度记得你希望记住的每一件事。因为你有工具，所以可以比以前更高效、更有力地使用你的大脑和记忆力。

对大脑运作方式的迷恋发展成了我一生的热爱。本书包含了我这些年在此领域中研究脑力认知(Mental Literacy)技能的精华。无论你是7岁、17岁、77岁或者107岁,你均能从这些技能中受益——希望你能如同我一样,为此受益感到兴奋。

享受你的思维训练之旅吧!

目 录

前　言 ... 1
专业术语 ... 5
导　言 ... 7

第一章　快速阅读和你的大脑 ... 1
第二章　如何阅读 ... 7
第三章　提升阅读速度的7个步骤 ... 15
第四章　击败阅读"问题" ... 21
第五章　令人惊奇的眼睛 ... 27
第六章　加强你的快速阅读 ... 37
第七章　拓展你的词汇量 ... 49
第八章　提升速度 ... 59
第九章　测试你的进度 ... 65
结　论 ... 83
出版后记 ... 85

专业术语

关键

放在"词"或"图像"之前的词语"关键"不仅仅意味着"这很重要",它还意味着这是"记忆的关键"。关键词或关键图像是刺激大脑并开启记忆之门的至关重要的触发器。

关键词

关键词是一个特殊的词,其被选择或创建为一些你希望记忆的、关于一些重要事项的独特参考点。词语刺激大脑左半球,这是一个管理记忆的至关重要的因素。但是当它们独自发挥作用时,并不像你花时间绘制它们并将其转换成关键图像时那么高效。关键词转换成关键图像时,它们尤其能刺激大脑的两个半球。

关键图像

关键图像是记忆的基石,在我的思维系列丛书中,它们被称为关键词图像(详情请见"拓展阅读"),因为它们被认真地创建成在释放深层存储记忆过程中发挥至关重要作用的词语-图像合作物。关键图像要比图片多很多,它是一个与关键词连接并关联的图像。利用记忆力原则,它可以刺激你的想象并重建相似的联想。一个有效的关键图像可以刺激你大脑的两个半球,并利用你所有的感觉。关键图像是思维导图和记忆技能的核心。

导　言

- 你想每分钟阅读1000个单词吗？
- 你想提升你的专注度和理解力吗？
- 你想提高存储信息的能力吗？
- 你想克服阅读困境，如阅读障碍吗？
- 你想了解你的眼睛、大脑与吸收、提取信息的联系吗？
- 你想提升你的词汇量和基本理解力吗？

如果你对上述问题的答案都是一个响当当的"是"，我很高兴地告诉你：你将能达成上述所有目标。并且，一旦你了解了我的脑力认知（Mental Literacy）技能，你会获得更多。轻松、毫不费力地学会快速阅读被许多人士认为是人生中最有意义和举足轻重的成就之一。若有足够的耐心和实践，这项技能便唾手可得。

在人类的发展进程中，我们正处于这样一个时期：信息是廉价的；我们可以轻松地通过网络、邮件、各式各样的报纸、报道、杂志、信件或者其他方式轻易获得它们。快速阅读技能可以给你对信息的筛选和对精华信息的掌握带来巨大的变革。

成功学习快速阅读的主要目的是：

- 显著提高你的阅读速度。
- 提升你的注意力和理解力等级。
- 增进你对眼睛和大脑工作方式的理解。

⊙ 增加你的词汇量和基本知识。

⊙ 节约你的时间，增强你的自信。

需要解决的问题是：

⊙ 决定阅读的内容：选择的艺术。

⊙ 理解你所阅读的内容：高效地做笔记并充分理解这些内容。

⊙ 存储信息：如何记忆你想了解的内容。

⊙ 回忆信息：需要的时候，有能力回忆起你需要的信息，并且对这些信息信手拈来。

在本书中，我将提供给你一些易掌握的方法，以帮助你了解、提升和加强阅读与保持信息的能力。你将会学习到可实践的技巧，并在你的大脑中将其运用。这样，你的脑力劳动将比以前更贴合实际，并更高效。

我对快速阅读的兴趣源于孩提时代。当我14岁的时候，我和我的同学参与了一系列的才能评估测验。我非常兴奋地了解到，自己每分钟可以阅读213个单词——直到我的老师告诉我：那只是一般水平。

班级中阅读最快的学生可达到每分钟314个单词。接着，老师还给了我们沉重的一击：他宣称没有任何一种可加快阅读速度的方法。他坚信这是与生俱来且无法改变的能力。

这对我而言是行不通的。因为通过锻炼，我已经在体能方面取得了相当大的改善。同理，我认为一定可以通过开发智力和视觉练习来提升大脑的学习能力，同时加强快速阅读与掌握信息的能力。

直至今天，这些问题一直激励着我的研究。在那次改变我一生的测试之后，我的阅读速度突破了每分钟400个单词，并最终上升至每分钟1000个单词。我由此获得的教训便是：

阅读之于心灵如同有氧锻炼之于身体。

第一章　快速阅读和你的大脑

本书有几个核心目的：

⊙ 显著提升你的阅读速度。
⊙ 提升并保持你的理解力。
⊙ 提高你对眼睛和大脑工作方式的理解，使你能更高效地使用它们。
⊙ 帮你更高效地阅读和学习，将快速阅读融入你生活的各个方面。
⊙ 帮你增加词汇量和基础知识。
⊙ 节约时间。
⊙ 增强你的自信。

这些便是你能从一本这样的小书中就能获得的大成就！
但是，为了达成这些目标，你需要学习的技能有：

⊙ 自我评估：你的阅读速度如何？
⊙ 掌控阅读技巧，这将帮助你快速地吸收更多的书本知识。
⊙ 将日常阅读问题转化成优势的秘诀。
⊙ 指导手册：如何更好地集中注意力、理解得更多、浏览和略读信息以找到问题的症结，如何营造适合你的工作环境。

一旦你掌握了这些基础知识，我们将加快步伐进入到接下去的内容中。那些章节将阐述如何通过学习前缀、后缀、词根来增加你的词汇量。这将使你只需通过少许的努力即可把词汇量从1000个单词提升至10,000个单词。

本书所描述的快速阅读体系与你的大脑同步工作。它将刺激你的感官，并使你的记忆以一种有序，且更易接入的方式储存你选择输送的信息。

在第三章，我将阐述阅读的新定义，并介绍快速阅读涉及的所有关键技能——这是吸收知识的完整过程。下面的各章将分别讲解如何阅读、快速阅读的运作方式、如何克服阅读障碍、如何提升你的洞察力、改善你的注意力并拓展你的词汇量。

关注你的速度

学习快速阅读对你的大脑有多项益处：

- 你的眼睛在工作的时候将不再需要那么艰辛。因为在阅读过程中，为了吸收信息，你不再需要像以前那样频繁地停顿。
- 快速阅读过程中的节奏感和流畅性将会使你更容易理解阅读的内容。（而慢速阅读则会增加停顿的机会，导致兴趣和注意力的丧失。这会抑制理解力并降低认知度。）

若你想在实践中监督快速阅读的进程，使用后续的步骤，并按本书第79页标注的进度表记录你的进度。

目前，选择一本可专门用来评估快速阅读的书籍很有帮助。如此一来，当你浏览这些章节时，你就会充分了解到你每天、每周的所有进度。

我可以向你承诺：如果你遵循本书中的技能，当你稍后重新做这些测试时，你便会看到显著的变化。练习得越多，阅读就会变得更快更高效。所以，请尽量频繁地使用这个图表：不管是一天一次、一周一次、一个月一次还是选择其他。

在你开始按我的技能执行前，为什么不立即测试一下目前的阅读速度呢？

请参照下述步骤，计算每分钟的阅读速度：

1. 阅读1分钟——注意正文中的起始点和停顿点。
2. 计算三行文字中单词的数目。
3. 用这个数字除以3以计算每行的平均单词数。
4. 计算阅读的行数（短行相消）。
5. 将你阅读的行数与每行平均单词数相乘：你将得到每分钟的阅读单词数（word per minute）。

以一个方程式表述，计算每分钟阅读单词数的公式如下：

$$每分钟阅读单词数（速度）=\frac{阅读页数 \times 平均每页的单词数}{花在阅读上的分钟数}$$

如果按照所述方式与你的大脑协同工作，你会自然而然地学会快速阅读。这会给你的知识和认知增加巨大的价值。

第二章　如何阅读

审视阅读理念

你是否停下来思考过自己是如何阅读和吸收信息的？在开始学习能使你每分钟的阅读速度达到1000个单词以上的快速阅读技能前，花一点时间回答以下问题。对以下情形回答"是"或"否"。

- 逐个单词地阅读。
- 每分钟阅读500个单词以上是不可能的。
- 如果阅读得快，你将不能理解所阅读的内容。
- 快的阅读速度意味着低级别的专注度。
- 平均阅读速度是天生的，因而也是最好的学习方式。

这5个问题的答案都是"否"，我来讲解一下缘由：

- 逐个单词地阅读。
  否——我们阅读的是意思，而不是单个词。
- 每分钟阅读500个单词以上是不可能的。
  否——我们一次可以最多阅读6个单词，每秒钟多达24个单词。
- 如果阅读得太快，你将不能理解所阅读的内容。
  否——快速阅读者能理解更多表述的内容，能体验更高级别的专注度，并有时间复习有特别兴趣和相关性的领域。
- 快的阅读速度意味着低级别的专注度。

否——我们阅读得越快，就会聚集更多的动力，并更加专注。
⊙ 平均阅读速度是天生的，因而也是最好的学习方式。
否——平均阅读速度并不是天生的。这只是由传授给我们的阅读方式的局限性所导致的。

改变认为什么是可能的个人理念能帮助你理解快速阅读的过程。它同样能促进你的成功，因为那些附着着错误假设的意识不会再阻碍你的阅读过程。

眼球运动

假设当你阅读本书时，我与你坐在一起。请你用食指展示给我看：你相信你的眼睛如何在页面上移动？你认为那个运动的速度和路径看起来像什么呢？逐步下移书本时，大多数人会从左到右以直线的方式追踪文本中的每一行。

运动的路径看起来像这样：

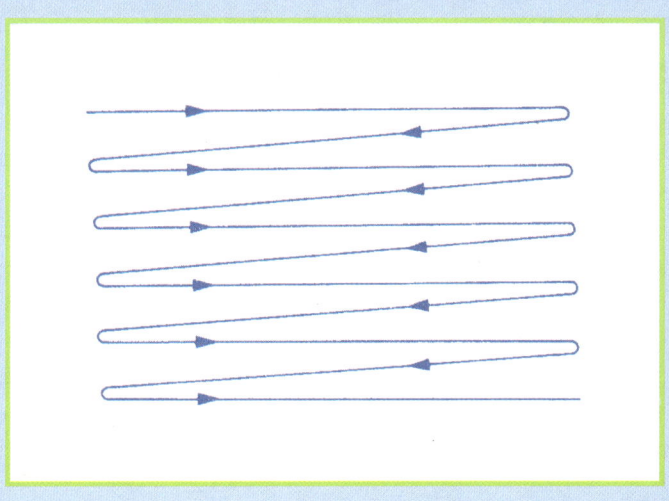

当孩子学习阅读时,他们常常在书页上用食指指着单词所在的行以提升专注度和方向感。这时,他们往往会感到沮丧。因为会形成一种错误的理念:这项技能使他们的阅读速度降低了。现在我们知道并不是手指的移动或者指向降低了阅读速度,而是手指移动的速度。因此我们应该鼓励孩子在书页上更快地移动手指,而不是让他们停止这样做(关于这样做的原因,请查阅第四章,以获取更多信息)。

在实践中,如铅笔或钢笔这样细小的视觉导引设备比手指更有效,这将有效减少忘却读过词汇的概率。

速　度

平均每位阅读者每分钟能掌握大约200—240个单词。当我们阅读时,为了吸收信息,我们的眼睛会做小幅度的常规跳跃、停顿或凝视。那么,如果在每一个停顿处花费少许的时间,阅读速度便能得到立竿见影的提高。

运　动

逐行阅读文章是一种有效吸收信息的方式,但不是最快的方式。对我们的眼睛而言,有多种不同的并能成功掌握信息的浏览书页的路径——我将在第五章中详细讲解(详见第34—35页的路径图)。

浏览书页时,眼睛不会以一种连续的方式平稳移动。为了吸收信息,它会停顿,然后再开始。有趣的是,只有眼睛令事物"静止"的时候,它才能看清它们:

⊙ 如果物体静止,为了看清楚,眼睛也必须静止。

⊙ 如果物体移动，为了看清楚，眼睛也必须随着物体移动。

在你眼睛前，举起手指，自我测试一下。当它静止时，你的眼睛是静止的；当它移动时，为了看清楚，你的眼睛也会随着它移动。对阅读而言，这意味着为了掌握单词，眼睛不得不作停顿，因为单词是静止的。

这是一个极其重要的快速阅读理念。

当你的眼睛停顿时，它们每次能吸收多达五六个单词。因此在一行的开头和末尾之间，它们能轻易地锁定并完整地掌握信息。如果你使用视觉导引设备，并结合高级别的理解力，它将最小化你眼睛的工作量，保持大脑集中并维持稳定的阅读速度与高理解力。

第13页的3个图像表明：

（A）眼睛在阅读期间基本的"停顿和开始"运动。
（B）阅读速度慢或注意力不集中的不良阅读习惯。
（C）更高效阅读者的眼球运动。

B图像表明的是不良阅读习惯下的眼球运动轨迹图。这个阅读者两次停顿或凝视单词的时间和大多数人一样长。因为阅读者常常需要重新阅读单词，有时还需要回跳到多达3个地方以确保掌握正确的含义，这样就会有额外的停顿。研究表明，当阅读者不被允许回读或复读时，在80%的案例中，他们能掌握所有必要的信息。

C图像表明，好的阅读者，即使不回读也不复读，同样也会在词组之间有较长的跳跃。

在每行有12个单词的正常书页中，较差的阅读者在阅读时凝视单个词、回读、复读，一共停顿大约14次，每次平均停留0.5秒。这意味着每行有7秒的延迟。另一方面，只作细微调整且无干扰的快速阅读者，每行延迟不超过2秒。

接下去几章中的技能可用来解决回读、视觉游离和停顿等阻碍阅读

第二章 如何阅读

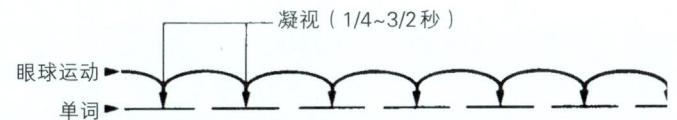

图像A 简图代表阅读过程中"停顿和开始"运动或眼球的"跳跃"。

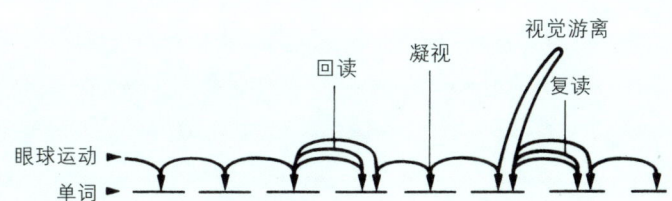

图像B 简图表明慢速阅读者不良的阅读习惯：一次阅读一个单词，并伴随着无意识的回读、视觉游离和有意识的复读。

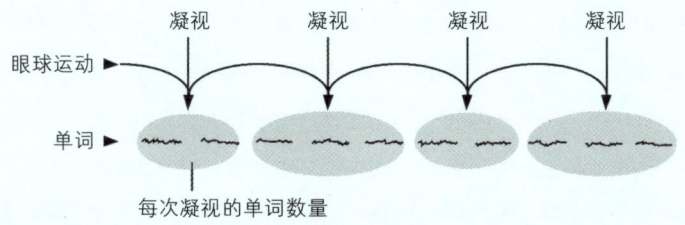

图像C 简图表明一个更好、更高效的阅读者的眼球运动。每次凝视可以吸收更多的单词，回读、复读和视觉游离都会减少。

进程的常见问题，并引导你在眼睛凝视书页时吸收更多的单词，正如图像C所示。

阅读速度的提升将自动提升理解力。这是因为信息可以被组织成对你的大脑立即起作用、更有意义的数据块。

第三章　提升阅读速度的7个步骤

什么是快速阅读？

学习快速阅读时，对阅读是什么以及它涉及什么有一个清晰的理解非常有帮助。这样你便能自觉地参与这个过程，同时理解大脑的工作方式。阅读常常被描述成"从一本书中获取作者的意图"或"吸收书页文字"，但是我坚信它应该被定义成：

> 阅读是个人与符号信息之间完整的相互作用过程。

我的意思是，阅读是同时在许多不同层级上发生的一个过程——它通常与学习的视觉方面相关联，比如我们能看到什么。为了使阅读更翔实、阅读方式更高效，我们需要将下面有关理解力的7个步骤包括入内。如果想变成更高效的快速阅读者，那么你需要深入开发每个步骤。

1　识别
2　吸收
3　领悟
4　理解
5　保持
6　回忆
7　交流

识别
定义：对字母符号的认知。这个阶段发生在阅读行动之前。

吸收
定义：光线从文字上反射并被眼睛接收的物理过程。其随后会通过视觉神经传输给大脑。

领悟
定义：将全部的阅读信息与其他所有合适的信息联系起来。这包括词语、数字、概念、事实、图片等。（我将此称为"内部集成"。）

理解
定义：读者将先前所拥有的知识与阅读到的新信息相融合的过程。这包括对信息的分析、判断、鉴定、选择和摒弃。（我将此称为"外部融合"。）

保持
定义：信息的基本存储。存储本身就是一个问题。大多数读者都经历过如何在考试时成功撷取潜在信息的焦虑！单独的存储是不够的——它必须伴随着"回忆"。

回忆
定义：从存储中反馈所需信息的能力，最佳状态是即需即取。

交流
定义：立即或最终能够使用获取到的信息，包括书面和口头交流，抑或是舞蹈、艺术和其他的艺术表现形式。最重要的是，交流同样包括极其重要的功能——思考。

第 8 页介绍的所有阅读问题都可以通过钻研理解力的一种或多种步骤来克服。其他的影响，比如周围环境、一天中的某段时间、精力水平、动机、健康和兴趣，会在第六章中谈及。

第四章　击败阅读"问题"

为什么存在阅读问题

我们中的许多人对阅读以及自己的阅读能力存在错误的信念。请花一些时间思考一下目前你认为自己存在的阅读问题。

常见问题列表如下:

视力　速度　理解　时间
数量　笔记　保持　恐惧
疲劳　厌烦　分析　组织
复读　回忆　词汇
默读　选择　摒弃
专心　回读

这些特性不是能力缺失的后果,而是由消极的信念、不当的教学方法,或对眼睛和大脑如何协同工作以吸收信息的理解的缺失所造成的。

当你学习阅读的时候,你可能会使用"语音"(同样以字母方法著称),或看图说话的方法。简单来说,语音法首先教授孩子字母表,紧接着是每个字母的发音,然后是音节和单词的拼读。看图说话法教授孩子阅读绘有图画的卡片,图画下面清晰地印着物体的名称。一旦孩子熟悉了图画及与之关联的名称,便将图画拿掉,只保留名称。

这些方法适合教授孩子学习单词,但是并不适合鼓励孩子学习如何使用整个大脑——不单单是靠眼睛来吸收、消化和保持信息的完整过程。

> "一旦面对一个问题，分析和理解就变成了创建解决方案的正面能量核心。"

与所谓阅读"问题"相伴而生的那些常见行动是默读（即阅读时，只微动嘴唇的行为）、手指指示、复读和回读。并不是所有这些"问题"都是真正的问题，换个角度看问题将是积极有益的。本章着眼于管理每个特性的策略，并说明一些益处。

默 读

阅读时有用嘴说单词的倾向，但其实并不发声的行为被称为默读。它是学习阅读的自然阶段，在被教授使用语音方法（详见第23页）大声阅读的孩子中非常普遍。如果一些人为了理解而依赖于默读，那么默读将是他们学习快速阅读的障碍，因为它可能会降低阅读文字的速度。但是对你的大脑而言，一分钟默读2000个单词仍然是可能的——这根本没有问题！

默读的好处是它能强调正在阅读的内容。你可以有选择地使用内心的声音——强调重要的文字或概念——通过必要时的提高音量和在内心大声说出其字面含义！然后这项技能就会变成积极的记忆辅助设备。

默读对阅读障碍者有积极的益处。因为当他们阅读时，文字发音内在化可以提示单个字母的形状，使其同时吸引大脑的左半球和右半球。

手指指示

为了理解有导引和无导引眼球运动的差别，不妨和朋友一起尝试一下这个实验:一方想象一个大圆圈,然后使眼睛严格遵循这个轨迹移动。几乎无一例外的,第一个练习产生了一个与圆圈相差甚远的形状!它更像左边图形中扁平的线,而且多数人发现这个练习比较难。

现在重复这个过程,但是当他们在空中画圆圈时,一方需要让另一方跟踪他们的手指。多数人发现眼睛飞快地按照一个完美的圆的轨迹移动。

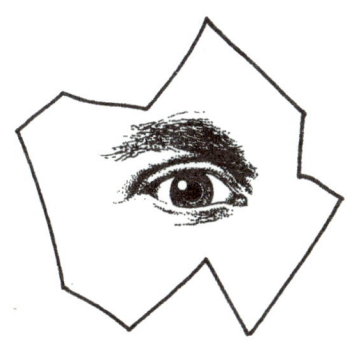

眼睛在无导引情况下沿圆周运动的轨迹示意图

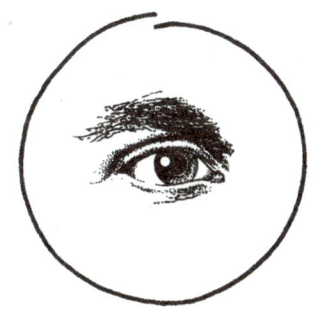

眼睛在有导引情况下沿圆周运动的轨迹示意图

多数尝试这个实验的人发现,有导引可遵循时,他们感觉更舒服,这使他们的眼睛更加放松并更加高效。这是因为眼睛遵循运动。点位运动首先是与生存模式紧密相连的本能运动,但对观察和理解环境中发生的事项来说也至关重要。

这远不能称之为缺点,手指指示实际上能帮助人们学习快速阅读。我仅建议:既然手指比较大,并令一些文字更加晦涩难解,那么你可以选择使用轻薄、专门设计的阅读导引设备。

> ⊙ 第五章中描述的一系列阅读指导技能是所有快速阅读大师的必备工具。

复读和回读

虽然复读和回读具有少许不同的特性，但是它们都与缺乏自信和倾向于待在阅读的"舒适区"相关。

> ⊙ 复读是返回到你感到自己肯定遗失或误解了某些单词、短语或段落的意识历程。
> ⊙ 回读是相似的过程，但它是一种重新阅读刚刚阅读过的资料的无意识历程。

重新阅读资料并不会给理解水平带来不同，因此你所做的只会给自己的眼睛增加压力。强迫自己打破这些习惯的最简单方法是：阅读时提高阅读速度，保持阅读节奏。

总而言之，我与有阅读"问题"人士交流长达数十年的工作经验是：好多人并没有这样的问题。正如我们看到的，默读和手指指示并不是问题，而回读和复读也只是可以改变的简单习惯。

第五章　令人惊奇的眼睛

你的每只眼睛都是令人惊奇的光学设备，精准度和复杂性远优于最先进的望远镜或显微镜。我们认识到这点已经有一段时间了：我们的瞳孔会根据光线强度和查看物体的远近来调整大小。光线越强、物体越近，瞳孔就越小。

我们知道，瞳孔的大小也会与感情相协调。举个例子，如果你注视着对你有吸引力的那个人，瞳孔的尺寸会自然而然地增大。

> ⊙ 作为快速阅读者，如果你对阅读的内容感兴趣，你的瞳孔就会扩大，接收更多的光线。这可以使你的大脑毫不费力地在每秒钟内吸收更多的数据。

你的眼睛如何"阅读"信息？

眼睛后面的视网膜是光接收器。当眼睛吸收一系列的复杂图像时，视网膜的光接收器破解图像，并沿着视觉传导神经传送给大脑的视觉区域，即顶叶。

顶叶不紧跟在眼睛后面，而是位于大脑的后部。因此那句俗语是正确的：我们的后脑勺也长着眼睛！

顶叶控制阅读并引导你的眼睛从书页中捕获感兴趣的信息。这一认识为本书所阐述的具有革命性的快速阅读方法奠定了基础。

提升你的洞察力并扩大你的视觉能力

正如你从第12—13页所了解到的,当眼睛逐行阅读时,它们一眼就能够摄入几个单词。下面一系列的练习将针对视觉能力的提升。这能使你在查看页面时,"一瞥"就能摄入更多的单词。

测定你的水平和竖直视觉

在尝试这些技能前,首先通读这些说明,或者让人给你阅读这些说明,你遵照执行即可:

目视前方,注意力集中在水平方向上尽可能远的一点,然后:

- 将两个食指的指尖在距鼻梁前大约10厘米的地方对在一起,使它们形成一条水平线。
- 开始移动指尖,沿着水平线缓慢地将它们分开,同时眼睛仍然盯着远处你所选择的那个点(同时你还需要分开你的胳膊和肘部,但是要沿着水平线移动)。
- 继续移动,直至指尖移出你的视野、眼睛看不到眼角之外手指的运动为止。
- 停下来,测量一下你两个手指之间的距离。

现在重复这个练习,但这次一个指尖朝上,另一个指尖朝下,让两个指尖竖着对在一起,形成一条垂直线。同样将它们放在距鼻梁大约10厘米处。

- 开始移动指尖,沿着垂直线缓慢将它们分开——一个朝上,一个朝下。同时眼睛仍然盯着远处你所选择的那个点,直到指尖移出你顶端和底端的视野。

⊙ 停下来，测量你两个手指之间的距离。

你是否对你所看到的东西和范围感到吃惊呢？你明明注视的是其他东西，这怎么可能呢？

其原因在于人类眼睛的独特设计。每只眼睛的视网膜中都有1.3亿个光接收器，这意味着你共有2.6亿个光接收器。你的中心焦点（用于阅读或凝视远处的部分）仅占光接收能力的20%，剩余80%的光接收器都贡献给了外围视觉。

在阅读时，学习利用外围视觉，你将由此开始利用巨大的、尚未开发的外围视觉潜力：脑眼。我所说的"脑眼"是什么呢？我的意思是，使用你的整个大脑来阅读或观察，而不仅仅使用眼睛。这是一种为练习瑜伽、冥想、祈祷的人士和那些学习用魔法眼"看"三维立体图片的人士所熟知的概念。

使用脑眼观看

当你通读了下面练习的说明后，翻到第33页，手指放在书页右下角词语"几分之一"的下面。眼睛完全集中于中央的词语，不要移动：

- 看一下你能从中央词语的两侧摄入多少个词语。
- 看一下你能清晰地从所指词语的上方和下主摄入多少个词语。
- 看一下你是否能说出书页顶部和底部的词语数量。如果能,词语的数量是多少。
- 看一下你是否能数出书页上段落的数量。
- 看一下你是否能数出对面书页上段落的数量。
- 你是否能看到书页上任意放置的图表?
- 如果有图表,你能清晰或粗略地理解它阐述了什么吗?

多数人都会对大部分问题给予肯定的问答,这表明多数人都拥有使用外围视觉和中央视觉阅读的先天能力。通过这种方式,你可以使用2.6亿个光接收器来和你的大脑交流,并开启你的大脑。

这个革命性的新过程意味着从现在开始,你不仅使用眼睛阅读,还

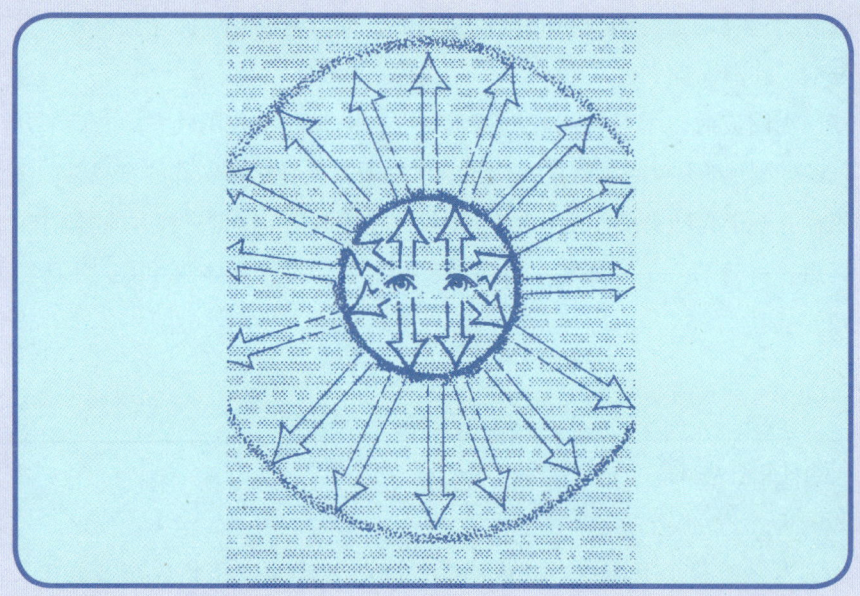

视觉区域。内环路区域表明,当眼睛/大脑体系经常使用时,快速阅读者可以获取清晰的视觉区域。外环路表明,我们也同样可以获取外围视觉。

使用大脑阅读。第32页的图像清晰地表明我们可以获取视觉的两个层级。视觉的内环路是我们比较熟悉的，外环路则表明，如果我们选择使用外围视觉领域，它同样可以被获取。

阅读小贴士

- 如果你能将外围视觉和中央焦点结合起来，你将能同时从整个段落和书页上获取并吸收信息。
- 你可以通过将书本举得比平常更远离眼睛来扩大自己的外围视觉。这能使你的外围视觉工作得更好。
- 当中央焦点逐行吸收细节信息时，你的外围视觉将回顾你已经阅读的内容，并见微知著。
- 这个练习会减轻眼睛的负担，因为眼睛不会再过度劳累。

记住：你的大脑在阅读——你的眼睛仅仅是它使用的复杂的眼镜。

加强视觉的9个方法

翻开本书（或其他任何书籍）中的任一页，看一秒钟。你认为自己是否能再次识别出同一页？答案是肯定的。如果你怀疑这个事实，想一下在旅途中、在火车站里能同时看到许多不同图像的几分之一秒内，你的眼睛能摄入多少信息，你的大脑能记忆多少信息。以此对比，你就可以想见书页上的图像是如此之少。

我们每个人都拥有照相记忆的能力：关键在于学习如何看到。

指导阅读技能

接下来的9个阅读技能是第四章中简明指导阅读案例下的多种详细分类。在非常高的阅读速度下，首先练习每个技能非常有帮助——不要停顿或担心你是否理解了阅读的内容。

下一步是以正常速度练习每项技能。这种方法会使你的大脑逐步习惯较快的阅读速度。（你可能会发现重新阅读熟悉的资料非常有用。这种方法可以在你为任务提前"预热"大脑时从回顾已了解的内容中得到好处。）

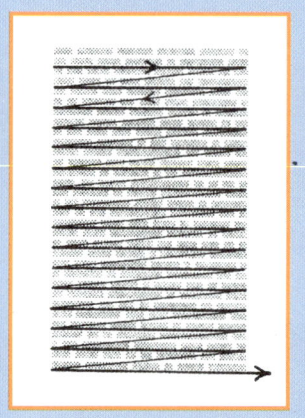

双线后掠

双线后掠类似于第10页阐述的逐行方法。不同的是，你的眼睛可以一次摄入两行文本。这是将竖直视觉和水平视觉相结合的技能。

如果你是音乐家，你可能会发现自己能轻易地使用这项技能。因为这就是你识谱时使用的阅读技能。

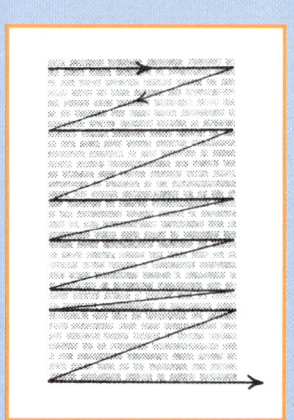

可变后掠

可变后掠采用与单线和双线后掠同样的方法，但是可变后掠允许你摄入一次能全部处理的行数。

反向后掠

这项技能与上述技能雷同，但是有一点显著的区别：你改变了回顾文章每个部分的进程方向。这可能听起来比较荒谬，但是如果你能想起眼睛是靠集中注意力来摄取信息，并且以五六个词为一组来阅读时,这就讲得通了。

倒着阅读,直至你接收到最后一个位于每行开头的信息时,你能"保存"大脑中的全部信息。这使你能回顾文章——这种方法能加快你的阅读,并提升理解水平。

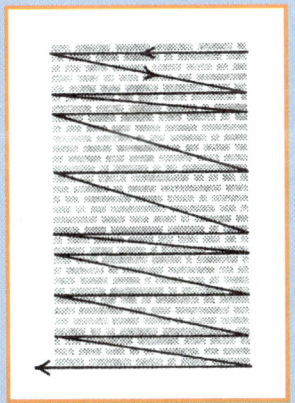

每个"后掠"技能都可以用来预览、略读或快速查阅信息,你可以摄入所选择的所有行数。你可以缩短(摄入更少的行数)或加长(摄入更多的行数)你的后掠,或融合多项技能。

随着练习的深入,你的阅读速度和理解力将得到快速的提升。一旦你习惯于使用这些技能,你可能会愿意尝试更多本书中详细阐述的先进技能。

你可以通过阅读书架上的任何书籍来练习。如果你想检验自第一次开始快速阅读项目以来在这个技能方面的进度,请翻到第67页,再看一下"自我测试"。

第六章　加强你的快速阅读

本章将探究和改善你的快速阅读技能，尤其是：

⊙ 你的专注力。
⊙ 略读和快速查阅信息的能力。
⊙ 周围环境如何影响你的学习能力。

提升专注力

根据我的教学以及在世界范围的授课经验，我发现99.9%的人相信他们经历过有着糟糕专注力的时期。许多人说他们发现自己宁愿空想，也不愿专注于手头的事务。事实上，这是好消息，也非常自然。我们每隔30—40分钟都会自然地空想，这是大脑为掌握学习内容而休息的方式。

如果你在思索某件事，事实上你没有失去专注度，你仅仅是选择了专注在一些其他的兴趣点上：椅子上的猫、电话铃声、收音机中的一首歌曲或沿街漫步的某人——还有许多可以使人分心的事，就不一一举例了。

问题不是专注力，而是专注的方向和焦点。

若你掌握了专注的艺术，你的整个眼睛/大脑体系就会变成激光一样的装置，它将具有专注和吸收信息的超凡能力。下面将着眼于诱发糟糕专注度的原因，并探究一些帮助你重新专注的方法：

糟糕专注度的诱因

词汇困扰

高效和专注的快速阅读依赖于信息畅通并极少被干扰的理解过程。暂停查阅词语或踌躇将分散你的注意力，从而降低你对整个事件的理解。如果你在阅读时碰到无法理解的词语，可以不要立刻查阅，改为在下面画线，稍后再回顾。（下章中的词汇分析信息能帮助你掌握词汇，并学习如何"理解"不熟悉的词语。）

概念困境

如果无法真正理解你所阅读的概念，你就很难全神贯注。为了克服这一障碍，选择第34—35页中概述的一项指导技能，使用略读和快速查阅这些阅读资料的多元方法，直至你对这种方法非常熟悉。

不适宜的阅读速度

多数人士相信（因为他们是这样被教授的），缓慢仔细地阅读能帮助理解和领悟。事实上，这个方法适得其反，它远不能帮助你的大脑。缓慢阅读其实会降低阅读速度。请按照指示尝试阅读下面的陈述。"缓慢仔细"地阅读：

研究表明，快速阅读比慢速阅读更利于理解。

你可能会发现这是一项艰难的工作，因为你的大脑并不是被设计成在如此慢的节奏下吸收信息的。如果你快速地略读，这些词语将即刻展现其意义。

缓慢仔细地阅读会怂恿你的大脑越来越不专注，阅读得更慢。

现在以分组词语的方式阅读下面的句子。

研究发现　通常　当　信息　被拆分成　有意义的　词组时，人类大脑　在　眼睛的　帮助下　更容易　吸收信息。

阅读速度的提高自然能提升理解。如果你应用此书中阐述的快速阅读技能，当你阅读时，大脑就能培养出将词语分成有意义组合的能力。通过学习调整阅读速度和范围，你将能控制和选择适合手边任务的进度。

糟糕的专注度

不良专注度的另一常见诱因是允许你的思想倾注在其他事情，而不是手边的任务上。例如，你可能需要阅读完一份明天早上会议要用的重要报告，但是你的思想一直徘徊在你的孩子身上、商业合作伙伴的不同意见上、对金钱的忧虑上、明天应该预定哪家餐厅上。

如果你发现自己能轻易地从手边的任务上分心，你需要通过重新专注于期望达成的目标来"摆脱"那些转移注意力的思绪。你甚至可能想停顿一会儿再写下（或者通过画思维导图）你目前的目标，以便收集想法。

糟糕的组织能力

糟糕的组织能力是常见问题，有时坐下来阅读感觉像一场个人的战斗。开始阅读时，分心的事情就出现了：你没有铅笔、咖啡、便签、眼镜等。持续的分心使尝试再次构建动力变得更加困难。答案很简单：事先规划，以便你所需的一切资料都触手可及。建立自己可实现的目标，安排与目标相符的休息计划。

缺乏兴趣

显然，缺乏兴趣常常与其他困境相关联。例如：晦涩的资料、专业词汇的缺失、优先级的冲突、消极的态度和上述其他影响专注度的障碍。

首先，解决这些相关问题，然后，如果必要的话就应用"严格审视"的方法。

如果为将要阅读的资料感到厌烦，那么在此情形下，你会陷入一场仿佛与持相左意见人士针锋相对的辩论中。

缺乏动力

缺乏动力与目标缺失相关。如果你不知道为什么而阅读，那使自己对阅读的内容感兴趣也比较困难。

回顾一下你的目标。

这是明显的事实，但是一旦清晰地了解了为什么需要吸收信息，你就能更好地完成任务。回顾一下第40—41页陈述的其他要点。使用组织能力和个人兴趣来实现目标的自我调整，并使用你青睐的阅读指导技能，以确保尽快完成任务——并获取最佳回报。当然，如果目标对你而言不再重要，那你就可以选择阅读一些其他内容！

托马斯·杰斐逊在1801—1809年间担任美国总统。他因才智和快速阅读技能而享有盛誉。他成功的秘诀就是他同样告知其他人的建议：你应该知道

"你待在哪里，你在做什么，现在几点钟了，你是否完不成日程安排了，如果是这样，相差有多远。"

他要表达的观点：关注和规划是成功的关键。如果这些已经到位，那么你就可以致力于实现目标了。你别无选择，只能保持专注并全力以赴。

浏览和略读

伴随着对心理定势的强调，浏览和略读被用来结合你近期获取的阅读指导技能：大脑自动预先选择信息的方式。

- ⊙ 大部分快速阅读者都可以使用浏览和略读。
- ⊙ 浏览和略读与一项阅读指导技能（见第五章）一并使用时也可以加强这两项技能。

浏览

浏览是天生的技能，当你在人群中辨认一张熟识的面孔或在寻找相关方向的路标时，你便会使用它。当眼睛粗略查看一系列资料以获取一条非常特殊的信息时，我们也使用浏览。当你查阅信息时，它是一种比略读更简单的进程（讲解如下），通常应用在你需要在其中搜寻信息的文章中：电话号码簿中的名字、书籍或报告中的一条特殊信息或网站上的相关链接。

只要你事先知道要寻找的信息并理解信息的组织方式（例如，字母顺序或主题顺序），那么这项技能就变得非常简单。

浏览是寻找特别信息的过程。

略读

略读是比浏览更复杂的方式，与第五章讲述的阅读指导技能很相似。它用于获取信息的总体概述，以便理解内容的实质。

高效的略读能达到每分钟约 1000 个单词，然而即使这样，我们仍然可以大致理解所阅读的内容。

略读是获取资料总体概述的过程。

你坐着舒服吗……

你的环境会影响成就的高低，身体健康有益于吸收信息。如果你感到消极或糟糕，你所处的状态将对你的效率产生消极的影响。另一方面，如果你在环境中感到高兴和满足，你将对阅读作出积极的反应，并能领悟新信息。因此，确保所处环境的积极性与振奋人心的效果非常有意义。

位置和光的强度

只要有可能，最好在自然光下阅读或学习，所以你的书桌或学习平台应该靠近窗户。一般情况下，照明光线应该从肩部上方对着你写字的手的方向射入。台灯的亮度应该足以照明阅读材料，但不要太亮，不要与房间的其他地方形成巨大的反差。

资料随手可取

为了使你的大脑以一种集中的方式舒适地工作，你要将可能需要的所有工作材料和说明放在手边。这能使你感觉准备充分、放松，从而更好地集中在任务上。

身体舒适

使自己太舒适会适得其反，因为你可能会想要睡觉而不再专注！理想状态下，你的椅子应该有竖直的靠背，不要太硬也不要太软。它应该能使你感到舒适，并有助于良好坐姿的形成。

椅子和桌子的高度

椅子的高度应该使你的大腿可以与地面平行：这可以确保坐骨承受主要压力。通常，桌子应该比椅子的坐垫高大约20厘米。

阅读材料与眼睛的距离

阅读材料距离眼睛大约50厘米最适宜。这能使眼睛更容易集中在词组上（详见第41页），减小视疲劳或头疼的可能性。

你的坐姿

理想的坐姿应该是双脚平放在地板上，背部直立，稍微有所弯曲，这会给你提供支撑。如果你坐得太直或弓着腰，那么你会感到非常疲劳，而且会使背部不堪重负。尽量拿着书，或把它放在某些东西上，使书稍稍直立，而不是平放。

正确的坐姿对身体有一系列的好处：

- 你的大脑能接收最大的空气流和血液流，因为你的气管、静脉和动脉可以不受约束地发挥功能。
- 它能最优化你的脊柱能量流，最大化你的大脑能量。
- 如果你的身体发出警报，你的大脑就知道有重要的事情正在发生（反之，如果弓着背坐，那么你是在告诉大脑：是时候睡觉了！）
- 你的眼睛能充分利用中央和外围视觉（详见第12页）。

……然后我们开始

我们所有人都有专注度的高峰和低谷，每个人都可能发现我们每天阅读或专注度最高的时刻分布在不同的时间点上。"云雀型"在早上5点到9点工作效率最高，"猫头鹰型"在傍晚和夜晚最高产，而其他人则发现临近中午或午后感觉最好。

我们中的许多人都会坚持一种在学校或学生时代就养成的习惯，因此现在值得通过实验查看一下，是否有一种更加适合你的新方式。

干扰最小化

当你阅读时，最小化外界干扰和小动作与最小化阅读时的停顿同样重要。外界干扰，比如电话呼叫或个人娱乐（例如，不必要的休息或听收音机），它们是专注度和集中精力的敌人。

同样地，如果你担心一些个人事务或身体正处于不适，关注其他这些影响也会降低你的专注度和领悟力。

解决方案

确保你的学习环境不被侵犯并对它进行合理的安排，使得它完全为任务而设计。这意味着在必要的情况下将你的电话调成语音邮箱，并保证你的领域不受干扰和诱惑。（如果不使用电脑就关掉它，以使你不再受诱惑去浏览网页。）

如果你身体健康，你同样可以工作得更好。定期进行有氧运动是一种可以保证大脑供氧充足、身体强壮并获取良好支持的绝佳方法。

阅读小贴士

- 关注外部环境：这是一个影响你最佳表现的重要因素。

- 试着在一天中不同的时间点工作——看一下对你而言哪个时间点工作效率最高。
- 关照内在自我：保持平和、敏捷的工作和阅读方法。
- 将阅读和工作时间视为神圣不可侵犯，避免任何不必要的干扰。

现在，你在所处环境中会感到非常自在。下章我将介绍拓展词汇量的方法，并以此提升你的智力范畴。

第七章　拓展你的词汇量

> **你知道这些吗：**
> - 人均口语词汇量约为1000个单词。
> - 可利用的词汇量超过300万。
> - 增加你的词汇量可以提升智力。

语法在很多方面都很重要。有深厚语法功底的人士在下述情形下有更大的优势：

- 学术情景
- 商务合作
- 社交场合

我们大多数人都有不止一类词汇，通常我们至少有三类。它们是：

- 用于会谈的词汇
- 写作时需要的词汇
- 认知的词汇

我们的人均会话词汇量最多为1000个单词。我们的书写词汇量更多，因为当我们书写文稿时，我们会更加仔细地遣词造句。而在这三类中，数量最多的词汇是我们的认知词汇。我们理解的词汇比我们使用的多得多。

理论上，我们的会话词汇应该和认知词汇一样多，但是却很少有这样的例子。不过，显著增加这三种词汇的规模是可能的。

词汇量与精湛语言架构的发展是我们进化发展的典型特征之一。如果予以鼓励，这是一项能提供诸多益处的技能。快速阅读不仅仅与阅读其他人书写的内容相关，它同样培养对各种语言的欣赏与理解。

下面三节将关注如何拓展你的词汇量，同时探究前缀、后缀和词根的词汇力。它们是丰富你的语言和词汇的有效捷径。

前缀的力量

前缀是放置在一个单词前，能改变单词含义的字母、符号或单词。仅仅学习少许的前缀就能极大地扩充你的词汇量。这其中的许多与位置、对立面和运动相关。它们是具有力量的迷你单词。

在《快速阅读》(*The Speed Reading Book*) 中，你将找到一个包含了多达80个前缀及其含义的详尽列表。当然，根据明尼格尔（Joan Minninger）博士的意见，仅14个前缀就能为多达14,000个单词的含义提供理解的钥匙。下面的前缀列表是一部分最常见的前缀，这些前缀均可从一本标准词典中多达14,000个的单词里找到。

如果你能记忆并使用这些前缀，通过在单词前增加前缀，你能立即提升至少10,000个单词的潜在词汇量。即刻起，当你阅读时，请努力搜寻前缀吧！

包含关键前缀的单词

单词	前缀	常见含义	词根	常见含义
precept	pre-	在……之前	capere	拿取，把握
detain	de-	除去，下降	tenere	持有，拥有
intermittent	inter-	在……之间，在……之内	mittere	送走
offer	ob-	反对	ferre	承受，背负
insist	in-	向内	stare	坚持
monograph	mono-	独自，单一	graphein	书写
epilogue	epi-	在……之上	logos	谈话，研究
advance	ad-	向着	specere	看见
uncomplicated	un- com-	没有一起，和……在一起	plicare	折叠
non-extended	non- ex-	之外，超越	tender	伸展
reproduction	re- pro-	后退，再次 向前，为	ducere	带领
indisposed	in- dis-	不 分解，不	ponere	放置，置于
over-sufficient	over- sub-	在……之上 在……之下	facere	做成，完成
mistranscribe	mis- trans-	错误 穿越，超越	scribere	书写

14个后缀

G=希腊语，L=拉丁语，F=法语，E=英语

后缀	含义	举例
-able, ible（L）	能够，适于	durable, comprehensible
-al, ail（L）	与质量相关	abdominal
-ance, ence, ant（L）	……的动作或状态	insurance, corpulence
	品质的形容词，作名词时表示一个人或一件事所制造的状态	defiant, servant
-ation, -ition（L）	某种行动或状态	condition, dilapidation
-er（E）	属于	farmer, New Yorker
-ism（E）	一种品质或教条	realism, socialism
-ive（L）	……的本质	creative, receptive
-ize, -ise（G）	制作，实践，表现得像	modernize, advertise
-logy（G）	表明一种特定类别的知识	biology, psychology
-ly（E）	一种状态或行为的特性	softly, quickly
-or（L）	某类人或事物	victor, generator
-ous, -ose（L）	充满	murderous, anxious, officious, morose
-some	类似于	gladsome
-y（E）	条件	difficulty

14个词根

词根	含义	举例
Aer	空气	aerate, aeroplane
Am (from *amare*)	爱	amorous, amateur, amiable
Chron	时间	chronology, chronic
Dic, dict	说	dictate
Equi	平等	equidistant
Graph	书写	calligraphy, graphology, telegraph
Luc (from *lux*)	灯光	elucidate
pot, poss, poten (from *ponerte*)	能够	potential, possible
quaerere	询问 找寻	question, inquiry, query
sent, sens (from *sentire*)	感受	sensitive, sentient
soph	智慧	philosopher
spect (from *spicere*)	观察	introspective, inspect
spir (from *spirare*)	呼吸	inspiration
vid, vis (from *videre*)	看见	supervisor, vision, provident

如何使用前缀、后缀和词根

当你第一次浏览这些单词列表时,对这些单词并不熟悉,逐步了解这些单词使人感到气馁。为了熟悉它们并将其变成日常词汇的一部分,我提供如下这些小窍门:

- 浏览一本好的词典,熟悉这些前缀、后缀和词根的各种应用方式。记录那些对你而言比较突出的关键词和短语,这在某种程度上很有用。
- 每天致力于给你的词汇库引进一个新单词。像其他任何信息一样,新单词在成为你记忆中的永久部分前,至少需要在扩展期间重复5次。
- 在会谈中认真倾听那些崭新并令人感觉兴奋,以至于你期待使其成为自己日益增长的词汇量的一部分的单词——不要为记录下自己听到的内容而感到害羞。
- 给你在阅读时浏览到的不理解的单词做心灵笔记。但要等你阅读完整章、整段或整张纸页时再做笔记,不要打断你做事的流程。
- 最后,你可能会感兴趣于追踪集中训练词汇的课程。它们之中的大部分都有助于后续工作。

如果你通过每天学习一些单词和短语来有意识地提升词汇量,整体的逻辑思维能力和基本理解力、领悟力也能得到改善。同时,因为查找关键词和短语能力的提升,快速阅读的能力也得到了加强。在理解阅读的内容方面,你将遇到更少的问题。

另外,你在阅读时不会再尝试回读,因为你自信地知道:自己的词汇量已完全足够支撑基本的理解。

现在你具有足够的对眼睛、大脑的基本认识,同时也具有了对每天在邮件、杂志、报纸和电视节目中过度增长的信息流进行控制的技能。

同样,你还拥有了有助于欣赏小说、诗歌或其他文学形式的词汇。

如果现在你乐意将你的技能应用到下一阶段,你将能从第84页所列的"拓展阅读"中发现更高级的快速阅读技能。

在集中提升词汇级别一段时日后,再次回到第75页的阅读速度和领悟力测试中,你将看到,自开始学习本书所概述的技能后阅读速度和领悟力提升的等级。不过,不要仅仅停留于此。秉承一贯的基准,选择自我测试,以便能持续提升自己的能力。同样,在第79页有一个进度表,可以在上面记录你的成绩。

第八章　提升速度

到目前为止，你已经对快速阅读的基础知识有了总体的了解，现在准备好进一步加快你的阅读速度吧！下面是复习书籍的链接、窍门、讲解和其他资源，这些能使你轻松地加快步伐。如果你了解如何组织信息，并知道从哪里寻找答案，你将能提升获取知识的速度。

预习的好处

所谓的预习就是：预先学习，或预先看。如果允许你的大脑在快速阅读（通过略读这一导引阅读技能）之前"看"到整篇文章，那么当你第二次阅读这篇文章时，你就能更有效地驾驭它。在阅读资料之前预习资料的目的与事先规划驾车从 A 地到 B 地的路线一样，你需要了解地形，然后决定走一条风景优美的远路，还是一条近路。

预习应该应用于阅读的任何方面：书信、报告、长篇小说、论文——尤其是邮件。如果高效使用，就能节约大量的时间，并提升你阅读理解的水平。

高效预习的策略

应用你已了解的内容

在开始阅读书本或文件之前，意识到你已知道的内容，并对你想通过阅读获取什么一目了然。首先略读文章发现核心内容。如果文章所述内容是你已知道的，那么就将这一事实记录下来，以供将来参考。

如果你需要阅读先前文件的修改版本，那就使用你练就的快速阅读技能和外围视觉直奔新资料。你将能从最初通读的资料中获取许多关键点。将你阅读的任何事项都高效地记录下来，以供未来参考，并使用你先前获取的知识评估你阅读内容的关联性。我的思维导图®技能尤其适用于这个目标。（下面有对如何使用它的简短描述，但是为了获取进一步的信息，请查阅《博赞脑力训练手册之思维导图》，这是为快速阅读者设置的！）

如何记笔记——使用思维导图

如果与之相伴的笔记技能是耗时和无效的，那么世界上最有效的快速阅读技能都不足取。存储信息和检索的思维导图®方法遵循着与快速阅读相同的原则，它与大脑相互配合。这意味着你使用得越多，你的知识等级就提升得越多。

记笔记的方法应该包括：

⊙ 规划、关注和预习。
⊙ 对事实有着清晰的识别、吸收和领悟能力。
⊙ 现有知识等级的反馈。
⊙ 可以使人轻松回忆的保持信息的方式。
⊙ 交流信息的简单方式。

思维导图符合所有这些标准。
与之相反，常规记笔记的劣势包括：

- 倾向于不预习且不加侧重地记笔记——这意味着丧失所有的重点和目标。
- 对"把所有内容都记录下来"的执着有碍于批判性分析与对主题本身的鉴赏。
- 过于详细的笔记会偏离主题、干扰听众,这样,听众稍后可能会错失真正的演讲内容。(正如即使在没有阅读的情形下,依旧可以拷贝成千上万个文本词语。)
- 笔记的数量如此之大,以致笔记记录者在回头查阅时感到不情愿,或者不理解笔记内容,从而不得不重新开始。

高效的笔记不是刻板地复制所讲的一切内容,而是一种选择的过程。它应该使记录词语的数量最小化,使回忆信息的数量最大化。

高效笔记记录中至关重要的因素是对合适"关键词"和"图像"的选择,它们概述了你阅读的一切内容的精髓。关键词不仅本身是词语,也是与这个词语相关的一切事物的象征。关键图像比图片更加重要。它是与关键词相关的关键图像,能刺激大脑的左右半球来利用所有的感官。重复阅读时,关键词或关键图像不仅能触发对基本概念的回忆,还能触发对与概念相伴而生的信息的回忆。

高效关键词的特征:
- 一定要触发正确的记忆。
- 不应该太描述性、抽象或概括,这样会脱离实际。
- 一定能唤起脑海中的特殊图像。
- 一定能令人感到满意。
- 一定能概述信息。

如果你练习高效地记笔记,你将对能记忆如此多、空白如此少的内容而感到吃惊。

思维导图：革命性的记笔记技能

思维导图是笔记记录和开展头脑风暴的技能，它同时利用你所有的心智技能来与你的大脑协同工作。你的大脑能在一瞬间就使用从记忆中获取所有联想和想象的技能，同时触发你大脑左右半球的关联。

在思维导图笔记中，不同于写下所有句子或列表格的记录方式，关键词和关键图像的结合被用来捕获信息的本质，并作为回忆信息的精准记忆触发器。

当你建立自己的思维导图时，你的大脑就会创建一幅你所记录下的整个领域的综合地图。因此思维导图变成了来自你大脑的多维笔记，它以一种独特的方式再现所有需要记忆的内容。它是一种有力的绘画技能，能充分利用大脑的力量，释放你真正的潜力。

思维导图与你的记忆力一同工作，使你能更容易地在需要时回忆起信息。

35年前，我第一次提出了思维导图的概念，这是为了帮助我理解自己在学生时代阅读和吸收的大量资料。这项技能使我获得了卓越的成就。从那时起，这项技能已经被全球范围内各行各业的数亿人采用了：从教学到培训再到头脑风暴，教育、商业、政治和家庭生活。思维导图帮助人们简单地捕获复杂的信息，以无限的方式产生新想法。

可以将思维导图与快速阅读技能一并用于记录阅读、学习、研究中的每个方面，它可以改善你表现的所有方面。

第九章　测试你的进度

你已经接近快速阅读的尾声了。下个阶段将继续为实践你学习到的新技能提供平台，如果你希望进一步培养快速阅读能力，请选择《快速阅读》中的课程。

既然你已经从本书中学习到了快速阅读技能，那么你就可以持续地提升阅读速度,同时培养吸收和理解信息的能力。现在,通过下述段落——才智之战——你就既可以测试阅读速度和领悟力，也可以测试已取得的进展了。

当你准备开始测试时，首先确保阅读不受干扰（为你计时或观察你的人必定会干扰你的练习，这还会使一些人阅读得比平时更仓促，其他一些人则会比平时阅读得更缓慢）。

结尾处有15道多选题和是非问答题来测试你的领悟力。

自我测验：才智之战——头脑训练之前

新的世界趋势

股市分析师像老鹰一样观察着在硅谷工作的10个人。当有传闻说某人将从A公司跳槽到B公司时，世界的股市就会波动。

英国人力服务委员会近期发布了一份调查，结果指出，在英国前10%的公司中，80%的金钱和时间都投入在培训上；在后10%的公司中，没有金钱或时间被投入在这个方面。

在明尼苏达州，普拉托电脑教育项目已经提升了200,000名小学生的思维和学习水平。

在越来越多的国家武装力量中，心理军事艺术正变得和身体格斗技巧一样重要。

国家奥林匹克队正投入多达40%的训练时间来培养积极思维、精神耐力和可视化能力。

《财富》500强企业（500家收入最高的美国公司）中，最靠前的5家电脑公司在员工教育上花费十亿美元，智力资本的培养已经变成最优先考虑的事情了，包括世界上最强有力的工具——智力工具的开发。

在加拉加斯，路易斯·艾尔伯特·马查多博士（Dr. Luis Alberto Machado）成为了第一位被授予政府职务的智力发展部长，这是提升国家精神力量的政治授权。

我们正在见证人类进化中质的飞跃——对智力本身的认知以及与之相伴的意识，那就是认为智力可以被培养至具有惊人优势的意识。

这个鼓舞人心的消息必须为商界所参考。

在过去的20年中，来自五大洲的超过10万多人接受了民意调查。20个最常被提及的需要改善的方面是：

1 阅读速度
2 阅读理解
3 基本学习技能
4 处理信息爆炸
5 记忆
6 专注
7 口头表达能力
8 书面表达能力
9 创造性思维
10 规划

11 记笔记
12 分析问题
13 解决问题
14 动力
15 分析性思考
16 考试技巧
17 目标优选
18 时间管理
19 信息同化
20 立即行动（拖延）
21 随年龄增长而下降的智力

借助现代对大脑技能的研究，我们可以毫不费力地解决这里的每个问题。

该研究包括：

1 大脑左右皮质层的功能
2 思维导图的构建
3 超高速和变速阅读/智力突击小组
4 记忆技能
5 学习后的记忆丧失
6 脑细胞
7 心智能力和年龄

大脑左右皮质层的功能

目前，大脑左右皮质层的构造可以处理不同的智力功能，这点已经成为常识。左皮质层主要处理逻辑、词语、数字、序列、分析、线性和列表，而右皮质层处理韵律、色彩、想象、白日梦、空间关联和维度。

现在人们已经认识到，左皮质层不是学术半球，右皮质层不是创造、直觉、感情半球。目前已经有大量的研究发现，我们只有协力使用两面半球，才能保证学术和创造性的成就。

这个世界的爱因斯坦们、牛顿们、塞尚们和莫扎特们，像许多伟大的商业天才一样，将语言学、数学和分析技能与想象和形象化处理相结合，从而创造出创造性的杰作。

思维导图的制作

利用我们对智力功能的基本认识来训练人们解决上述领域的各种问题是可能的，这种训练常常能使人们的智力增加5倍。

达成这一目的的现代方法之一就是制作思维导图。

在传统的笔记记录中，无论是记忆信息、准备书面或口头交流、组织想法、分析问题、规划，抑或是创造性思考，表达的标准模式都是线性的：要么是句子、简洁的短语列表，要么就是数字和字母顺序列表。由于这些方法缺少颜色、视觉韵律、图像和空间关联，因而大脑的思考能力被麻痹，甚至直接阻碍上述的每个思想进程。

与此相反，思维导图充分利用了大脑各方面的能力。在书页中央放置一幅图像，以促进记忆和创造性想法的产生；其次，在能从外部反射大脑内部结构的联想网络中扩展分支。利用这个过程，你可以在几分钟、而非几天内准备好演讲稿；问题可以被更彻底、更快速地解决；记忆力可以实现从空白到完美的改善；创造性思考者能产生无限的想法，而不再是截断的列表。

超高速和变速阅读/智力突击小组

将思维导图与新的高速和变速阅读技能相结合（这种技能使那些拥有卓越领悟力之人的阅读速度达到每分钟1000个单词，最终达到大约每分钟10,000单词的高阅读速度），我们便能形成智力突击小组。

利用这种高速阅读方法，为所读书籍和章节制作详细的思维导图。通过使用高级思维导图和展示技能交换收集到的信息，那么就有可能使4个乃至更多的人在一天内获取、整合、记忆以及在他们的专业领域完整地应用4本书中有价值的新信息。

最近，这些技能已经被应用于跨国企业纳贝斯克公司（Nabisco）和迪吉托计算机公司（Digital Computers）。在这些例子中，来自两家公司的40位和120位高级行政官员分别分成4个小组。在4个小组中，每个人都花费2个小时将快速和变速阅读技能应用在4本备选书籍中的其中一本上。

2个小时过后，每个小组的成员开始讨论他们对这本书的理解、解析和反馈。然后每个小组选出一名代表，给其他3个小组的所有成员作一次综合演讲。这个过程需要重复4次。当天结束时，两个公司的40位和120位高级行政官员都带着4本具有完整信息价值的新书走出会议室。这不仅仅存在于他们的大脑中，还被整合、分析和记忆了。

这个方法同样可以应用在家庭情境中，并且这也已经被应用在世界范围的家庭中了。

最近，一户墨西哥家庭将此应用在他们3个从6岁到15岁的孩子身上。2个月之内，每个孩子都成为了当年的尖子生。在其他家庭成员的帮助下，他们能在2天之内完成普通孩子或学生需要一年才能完成的事情。

助记技能

助记技能最初是由希腊人发明的,被称为"戏法"。现在我们意识到,这些技能完全依靠大脑的运作。只要应用得当,它们就能显著改善人们的记忆力。

助记技能需要你应用联想和想象规则,在脑海中创建引人注目、多彩、愉悦感官,因而也令人难忘的图像。

事实上,思维导图是多维助记符号。它利用大脑固有的功能来记忆能对大脑产生深刻影响的更高效的数据、信息。

使用助记符号,商业人士能成功记住40位新认识的人。同样地,他们也能记住含有100多种产品的列表及相关的事实和数据。目前,这些技能已经被应用于斯德哥尔摩的IBM培训中心,并对17周入门培训项目的成功产生了重大影响。同样的技能已经被应用于世界记忆锦标赛了。

人们日益认识到:在任何培训前,学习如何学习已经成为良好的商业意识。这就是为什么目前大量的先进国际组织将助记作为他们所有培训课程中强制性的首选目标。简单的计算表明,如果将100万美元花费在培训上,80%的培训内容将在两周内被遗忘,这意味着同时损失了80万美元!

学习之后的记忆丧失

学习之后的记忆丧失有点戏剧性的味道。

1小时的学习期之后,因为大脑集成了新数据,信息回忆便会有小幅度的上升。紧接着的是24小时后的显著下降,多达80%的细节信息都将丢失。

不管输入时间的长度,信息丢失的规模大致相同。因此3天的课程在学习结束后的1到2周内，或多或少都会被忘掉。

这个推断令人感到烦恼。如果跨国公司每年在培训上花费5000万美元，并且没有在教育计划中安排适当复习的话，那么在培训结束后的几天之内，4000万美元将以惊人的速度流失掉。

通过对记忆韵律的简单了解，我们既可以避免这种下降，也可以训练人们以这样一种方式来增加学习到和所持有的知识量。

脑细胞

近几年，脑细胞已经成为人类求知中的前沿领域。

我们不但拥有1万亿个脑细胞，脑细胞之间的相互连接还能形成惊人数量的模式和排列。而这个数字，经俄国神经解剖学家皮奥特尔·K·阿诺欣（Pyotr K. Anokhin）计算，之后紧跟着1000米长、标准打印字符大小的零。

鉴于我们继承了整合和计算大量数据的能力，研究大脑的科学家们发现这样一个事实：如果我们的生物计算机（它能在一秒之内处理完的数据，克雷电脑将花上100年的时间去完成，如果以每秒计算4亿次来计数的话）受到充分的训练，那么我们处理问题、分析、排序、创造和交流的能力都会得到显著的提高。

心智和老化

当被问到："当你年龄越来越大时，脑细胞会处于什么状态呢？"人们往往会异口同声地说："它们会死！"在回答这个问题时，人们带着反常的、令人感到吃惊的热情。

然而，来自加利福尼亚大学的马里恩·戴蒙德博士（Dr. Marion

Diamond）的现代大脑研究的最激动人心的消息之一就是：并无明显证据显示，正常、活跃、健康的大脑中脑细胞会随着年龄的增长而减少。

与之相反，目前有研究指出，如果大脑经常使用并经过训练的话，这在生理上会增加脑细胞之间相互相接的复杂程度，即人类智力得以提升。

针对60岁、70岁、80岁、90岁人群的培训表明，他们在智力的各个方面都可以得到统计学上的显著和永久性的改善。

我们正处于前所未有的改革初期：人类智力开发的量子级飞跃。

以个人观点来看，在教育和商务中，心理学、神经生理学和教育实验的知识已经被应用于解决那些迄今为止随着年龄增长不可避免会出现的问题。

通过应用我们对大脑不同分工的认识、思维导图对大脑内部思维进程的反馈、对大脑与生俱来的记忆力元素和韵律的应用、对脑细胞的知识以及人类智力在一生中不断完善的可能性的应用，我们坚信：我们一定能打赢这场智力之战。

阅读速度公式：
每分钟阅读单词数（wpm）=阅读单词数/时间

自我测试：领悟力

阅读每个问题，然后圈出"是"或"否"，或在正确的答案上打钩。

1 前80%的英国公司会在培训上投入可观的金钱和时间。 是/否

2 国际奥林匹克运动队会花费_____的培训时间来培养积极思维、精神耐力和可视化能力。
（a）20%
（b）30%
（c）40%
（d）50%

3 第一个智力部长是：_____
（a）马里恩·戴蒙德博士
（b）路易斯·艾尔伯特·马查多博士
（c）多米尼克·奥布莱恩（Dominic O'Brien）
（d）柏拉图（Plato）

4 处理数字主要是左皮质层的功能。 是/否

5 这个世界上的爱因斯坦们、牛顿们、塞尚们和莫扎特们都比较成功，因为他们主要将：_____
（a）数字与逻辑相结合
（b）词语与分析相结合
（c）色彩与韵律相结合
（d）分析与想象相结合

6 在思维导图中，你：_____

（a）将一幅图像放在中央

（b）将一个单词放在中央

（c）不放置任何物品在中央

（d）常常将一个单词和一幅图像放在中央

7 使用超高速和变速阅读技能，你能创建的阅读速度是：_____

（a）每分钟500个单词

（b）每分钟1000个单词

（c）每分钟10,000个单词

（d）每分钟100,000个单词

8 针对学习书籍而建立了智力突击小组的两个公司是：_____

（a）IBM和可口可乐

（b）迪吉托和纳贝斯克（Digital and Nabisco）

（c）纳贝斯克和微软（Nabisco and Microsoft）

（d）IBM和ICL

9 助记技能最初是由谁发明的？_____

（a）中国人

（b）罗马人

（c）希腊人

（d）柏拉图

10 一小时的学习期后：_____

（a）对信息的回忆有小幅度的提升

（b）对信息的回忆趋向平稳

（c）对信息的回忆有小幅度的下降

（d）对信息的回忆有大幅度的下降

11　在学习期结束的24小时后，细节性的知识常常会丧失：_____
（a）60%
（b）70%
（c）80%
（d）90%

12　大脑中脑细胞的数量是：_____
（a）100万
（b）10亿
（c）1万亿
（d）1000万亿

13　克雷电脑最终在整体的核算能力方面接近于人类的大脑。　是/否

14　马里恩·戴蒙德博士最近证实：_____
（a）没有证据表明正常、活跃、健康的大脑中脑细胞会随着年龄的增长而减少。
（b）没有证据表明任何大脑的脑细胞会随着年龄的增长而减少。
（c）没有证据表明40岁以下人们的大脑中脑细胞会随着年龄的增长而减少。
（d）有证据表明，正常、活跃、健康的大脑中少许脑细胞会随着年龄的增长而减少。

15　经过适当的训练，获得统计学上显著和永久性的智力改善可以在_____岁及以下的人们身上实现。
（a）60

（b）70

（c）80

（d）90

将你的答案与第178页的答案作对比。然后将你的分数除以15，再乘以100，以核算你的平均领悟能力。

领悟能力得分：＿＿＿＿／15

＿＿＿＿×100%

现在，在你的进度表和进度图中输入自己的分数。

进度表

理想的情况是，使用一种颜色标记你的阅读速度，用另外一种颜色标记你的领悟力。

阅读序号	时间（分钟—秒）	速度（wpm）	领悟力
2			
3			
4			
5			
6			
7			
8			
9			
10			

进度图

速度（wpm）									
1000									
900									
800									
700									
600									
500									
400									
300									
200									
100									
0	1	2	3	4	5	6	7	8	9

第九章 测试你的进度 81

10　11　12　13　14　15　16　17　18　随着时间推进而取得的进步

答　案

第75页：自我测验：领悟力

1　否；

2　（c）40%；

3　（b）路易斯·艾尔伯特·马查多博士；

4　是；

5　（d）分析与想象相结合；

6　（a）将一幅图像放在中央；

7　（b）每分钟阅读1000个单词；

8　（b）迪吉托和纳贝斯克（Digital and Nabisco）；

9　（c）希腊人；

10　（a）对信息的回忆有小幅度的提升；

14　（a）没有证据表明正常、活跃、健康的大脑中脑细胞会随着年龄的增长而减少；

15　（d）90

结 论

现在你已经加入了日益壮大的快速阅读者国际社团——祝贺你！

你对阅读扩展定义的新认识可以使你以更大的自信和成功全面地领悟文字。

如果在眼睛和大脑这个非凡组合协同工作时应用你对实际发生事项的新知识，你不再背负许多所谓的阅读"问题"。现在你知道它们是"伪装的朋友"了，可以通过大脑的浏览将其转换成主要的阅读技能。

另外，你的阅读技能刚被词汇的建筑基石加强了。这些就像乐高积木，它们允许你构建成千上万新的"意义之建筑物"。反过来，这些会扩展领悟力和理解力，这能使你以更快和更顺畅的速度自由、平稳地阅读。

将你日益增长的词汇量与元知识管理工具——思维导图相结合，记笔记、记忆和在阅读的基础上进行创造的能力将全在自己的掌控之下，并且所记忆的内容将无可估量。

涵盖在已知的快速阅读公式中的就是你持续加强快速阅读的技能。确保你为自己的持续阅读规划制定一个方案，并在其中更深入地了解你刚刚涉足的领域。如果你这样做了，阅读速度将持续提升，领悟力将得到改善，内部的资料库也会成倍地增长。

记住：在今天和以后的日子中，你的眼睛会真正令人感到惊奇。在进行重要的阅读前，一定要回忆起这个事实：你拥有2.6亿个光接收器，它们与大容量的大脑相结合。拥有这样一个超级系统，阅读对你而言应该是令人愉悦和高兴的。

同样需要记住：脑眼是掌握所有这些的关键，通过使用略读、快速查阅和多重指导的技能，你将能掌握更娴熟的技能。

二十世纪末，许多教育系统、商务部门、政府宣称：我们已进入了知识时代。

随着对人类大脑非凡容量的认知和信息的惊人增长，这些已经过时了。

二十一世纪初，我们已经进入了智力资本时代。在这个时代，学习如何学习将成为首要关键的技能。

我们进入了这样一个人类发展历史上的时期：高速地识别和吸收信息、理解并将其保存在大脑储存已有知识的数据库中，然后高效地存储，在需要时瞬时回忆，并将所有这些元素与能力相结合，从而在已有知识的基础上再创造与交流。这些能力将定义未来。

现在，你已全副武装地面对未来了。

拓展阅读

对那些准备进一步提升知识储备的人们来说，我的思维系列丛书包括了如何最大化利用大脑和记忆力的深层指导准则。下列书籍可在 BBC Active 上获得：

《开动大脑》(*Use Your Head*)
《思维导图®插图版》(*The Illustrated Mind Map® Book*)
《启动记忆》(*Use Your Memory*)
《掌握记忆》(*Master Your Memory*)
《快速阅读》(*The Specd Reading Book*)

出版后记

身处这个资讯发达的时代，我们既坐享着互联网的便捷之利，但也同时为信息爆炸的负担所累。科技的发展推动了各类思维整理软件与手机应用的诞生与繁荣，并且，科学哲学家们也提出了"延展心智"的理念，即我们的思考不局限在生理结构的大脑范围之内，诸如智能手机、计算机等外部设备也是"外部大脑"一般的存在。然而，软件的过于多样化与没有完全统一的"同步"生态却使我们无法非常完整地取出寄存于外部设备的想法。因此，这种依赖于"延展心智"或者"外部大脑"的手段依旧无法摆脱零散的困境。

然而，无论身处哪个时代，只要有学习这回事，人们就都会面对无穷且不断更新的知识遗产。东尼·博赞先生在学生时代就深感学习笔记的零散与繁多，可是却又苦于找不到可以参照实践的学习方法。不过，不同于向外的延展，博赞先生选择的是另一个方向，即对人类大脑的再发现与再开发。博赞先生在某次访华时说："买电脑、汽车等都会有厚的说明书，可是人的大脑——全世界最有深度和力量的机器却没有使用说明书。我要写出来。"学习的热情，配合以对自我提高的渴望，博赞先生在这些动力的基础上重新建立了一套高效的学习方法。

本书共分为九章。首先，博赞先生对人类大脑的工作原理进行了简单的解析，在此基础上自然地将其与快速阅读结合起来。接着，博赞先生清晰地列出了快速阅读的7个步骤。然后，通过纠正读者对阅读"问题"的错误认识，博赞先生在本书中一并打破了线性阅读的束缚与认为阅读能力已被先天决定的定式思维。博赞先生先帮助读者建立起后天开发的信心，但同时也不仅限于空洞的宣言式的口号：对真伪阅读"问题"的分辨、实践步骤、技能、学习资料与练习在这里紧密结合。本书将颠覆读者对自己阅读能力的认知，并使读者能在结尾处清晰地掌控自己学习本书后所取得的进展。

由此观之，博赞先生并不是凭自己的主观认识而创造了这样的一套学习方法，而是以最贴合大脑自然本性的方式来科学地改革我们的学习。其实，这套学习方法在如今这个风靡"外部大脑"的智能时代也大有用武之地，因为"外部大脑"所强调的是人类大脑的扩展，而如何有效地认识与管理自己的"大脑"，这是哪个时代的人们都需要学习并具备的技能。

综上所述，本书是一本非常生动、有趣，但同时又极为实用的自助学习之书。此书并不以静态的方式提供书面知识，它会调动读者的主动参与，引导互动式的学习。相信读者朋友们在阅读的过程中会积极地投入其中，重新认识自己的大脑，并将该套学习方法有效地运用于生活、工作和学习的各个层面。愿所有阅读完此书的读者朋友们都能不断地突破旧我，发现并成为更好的自己。

服务热线：133-6631-2326　188-1142-1266

服务信箱：reader@hinabook.com

后浪出版公司
2016年3月